EVANGELIET ETTER TOMAS

EVANGELIIÐ EFTIR TÓMASA

På Nynorsk og á Føroyskum

MAGNUS HØGNESEN

Til:

Den/Á:

Av:

EVANGELIET ETTER TOMAS

EVANGELIIÐ EFTIR TÓMASA

På Nynorsk og á Føroyskum

Magnus Høgnesen

INDEPENDENT
PUBLISHING

Stavanger • Noreg

Fyrst publisert i 2025.

Noreg
Sjølvstendig utgjeve
Revisjon: 01, Reg.-dato: 2025-08-21
ISBN: 978-82-693081-3-6

Denne boka er utgjeven av forlagsnr.: 978-82-693081 Høgnesen, Magnus med det internasjonale standardnummeret ISBN 978-82-693081-3-6 (format mjukperm) etter Nasjonalbiblioteket, www.nb.no – Noregs nasjonalbibliotek.

Omslagsdesign:
Framside: Dette er eit bilete laga av ChatGPT-4 (AI) DALL·E: «Dette er ein ikonliknande bilete av Jesus og apostelen Tomas. Tomas rører ved såret i sida til Jesus, eit symbol på tvil som blir til tru.» Omslaget er biletkunst under opphavsrett © 2025 av Magnus Høgnesen.

MH Independent Publishing.

Fyrste utg. 2025.

Fyrste trykk 2025.

ISBN (hefte/mjukperm): 978-82-693081-3-6

NB MH 10 9 8 7 6 5 4 3 2

Fyrst útgivið í 2025.
Upphavsrættur © 2025 hjá Høgnesen, Magnus
Noreg
Sjálvstøðugt útgivið
Umbróting: 01, Reg.-dagfesting: 2025-08-21
ISBN: 978-82-693081-3-6

Henda bók er útgivin av forlagsnr.: 978-82-693081 Høgnesen, Magnus við altjóða bókanummari ISBN 978-82-693081-3-6 (mjúk permuútgáva) sambært Landsbókasavninum, www.nb.no – Norska Landsbókasavnið.

Permuhøvd:
Forsíða: Hetta er eitt mynd av ChatGPT-4 (AI) DALL·E: «Hetta er eitt ikonlíkt mynd av Jesusi og ápostlinum Tómasi. Tómas rørir við sárið í síðuni hjá Jesusi, eitt tekin um iva, ið vendist til trúgv.»

MH Independent Publishing.

Fyrsta útgáva 2025.

Fyrsta prent 2025.

ISBN (pappír/mjúkperm): 978-82-693081-3-6

NB MH 10 9 8 7 6 5 4 3 2

«Jesus segði:"Latið tann, sum leitar, halda áfram at leita, inntil hann finnur. Tá ið hann finnur, verður hann órógvaður. Tá ið hann er vorðin órógvaður, verður hann ovfarin, og hann fer at ráða yvir øllum."» – *Tómas 2*

INNHALD / INNIHALD

Føreord / Formæli

I august 2025 undersøkte eg om det fanst ei færøysk utgåve av Tomas-evangeliet. Landsbókasavnið på Færøyane kunne då opplyse meg om at noko slikt ikkje fanst. Så langt eg kan sjå, finst det heller inga utgåve på nynorsk. Eg tok difor på meg oppgåva med å omsetje Tomas-evangeliet til både nynorsk og færøysk. Eg talar desse språka, men er på ingen måte ein bibelvitar eller kyrkjehistorikar.

Eg har støtta meg på utgåver på engelsk, bokmål og i nokon grad gresk (sjølv om det meste av Tomas-evangeliet berre finst på koptisk) for å lage mi omsetjing. Denne nynorske og færøyske omsetjinga er lausleg basert på ei tidlegare bokmålsomsetjing av Sigbjørn Rønning[1], Svein Woje og Kari Klepp[2] og den engelske utgåva av Marvin Meyer[3]. På grunn av særdraga ved nynorsk – og særleg ved færøysk – står den ferdige teksten nødvendigvis som ein unik versjon utan direkte førebilete.

Gled deg over å lese Tomas-evangeliet – no på nynorsk og færøysk.

Vennleg helsing,

Magnus Høgnesen, en tidlegare Teologi studerende, august 2025

---

[1] https://www.trosvitne.no/Arkivet/Tomas.htm

[2] **Woje, S., & Klepp, K.** *Thomasevangeliet* [*Evangelium Thomae*] (1. utg.). 2000.

[3] **Meyer, M. (editor) et al.** *The Nag Hammadi Scriptures: The Revised and Updated Translation of Sacred Gnostic Texts Complete in One Volume.* 2007. s. 133

Í august 2025 kannaði eg, um ein føroyskur útgáva av Tómas-evangelinum fanst. Landsbókasavnið Føroya greiddi frá, at eingin slík útgáva er til. So vítt eg veit, finst heldur eingin útgáva á nýnorskum. Tí tók eg tað á meg at umseta Tómas-evangeliið til bæði føroyskt og nýnorsk. Eg tosi hesi málini, men eri als ikki ein bíbliufrøðingur ella kirkjusøgufrøðingur.

Eg havi hildið meg til útgávur á enskum, bókmáli og í avmarkaðan mun á grikskum (meginparturin av Tómas-evangelinum er tó bert til á koptiskum), tá ið eg gjørdi hesa umsetingina. Henda føroyska og nýnorska útgávan er leysliga grundað á eina fyrrverandi bókmálsumseting eftir Sigbjørn Rønning[4], Svein Woje og Kari Klepp[5] og ensku útgávuna hjá Marvin Meyer[6]. Vegna sermerkini við nýnorskt - og serliga við føroyskt - stendur tann lidni teksturin neyðugliga sum ein serstøk útgáva uttan beinleiðis fyrimynd.

Njótið at lesa Tómas-evangeliið — nú á føroyskum og nýnorskum.

Vinarliga,

Magnus Høgnesen, en fyrrv. Teologi lesandi, august 2025

---

[4] https://www.trosvitne.no/Arkivet/Tomas.htm

[5] **Woje, S., & Klepp, K.** *Thomasevangeliet* [*Evangelium Thomae*] (1. utg.). 2000.

[6] **Meyer, M. (editor) et al.** *The Nag Hammadi Scriptures: The Revised and Updated Translation of Sacred Gnostic Texts Complete in One Volume.* 2007. s. 133

Forord / Fororð

Evangeliet etter Tomas er ei samling med 114 utsegner av Jesus, og har difor fått namnet *Utsegn-evangeliet.* Evangeliet opnar med å vise til ein Didymos Judas Tomas, som Jesus tala til. Det greske ordet *Didymos* (Δίδυμος) tyder «tvilling» på norsk. Denne «tvillingen» var truleg ikkje Jesu bokstavlege tvilling, men vert identifisert med apostelen Tomas[7], som følgde Jesus og som til slutt leid martyrdøden i India i år 72 e.Kr. Han skal då ha spreidd evangeliet i Mylapore (søraust for Madras), ifølgje kyrkjehistoria.[8]

«Tomas-evangeliet vart truleg først skrive på gresk (eller kanskje syrisk eller arameisk) ein gong mellom midten av 100-talet og 200-talet e.Kr.» [9]

Tomas vert datert til ein stad mellom midten av det 1. hundreåret og slutten av det 2. hundreåret. I dag har vi to bevarte versjonar:

- Eitt fullstendig eksemplar på koptisk frå ca. 350–400 e.Kr., funne i Nag Hammadi i 1945.
- Ein fragmentert gresk versjon frå ca. 200 e.Kr., funnen i Oxyrhynchus i 1897.

Begge versjonane stammar frå den tidlege kristne rørsla i Egypt.

Kva rolle dette evangeliet hadde i høve til dei kanoniske evangelia, har vore gjenstand for mykje diskusjon. Nokre forskarar meiner det er eit seint skrift, andre at det byggjer på ei parallell munnleg tradisjon, og nokre meiner det kan vere ei kjelde til andre evangelium – kanskje til og med Q, det hypotetiske kjelde-evangeliet som ikkje er bevart.

---

[7] Det vil seie, den 'tvilande' Tomas som rørte ved såra til Jesus etter oppstoda.

[8] **Medlycott, A. E.** *India and the Apostle Thomas: An Inquiry, with a Critical Analysis of the Acta Thomae.* 1905.

[9] *The Gnostic Gospels of Thomas, Mary, and John.* 2009. s. 4.

«...det store fleirtalet av forskarar på Det nye testamentet, anten dei har studert spørsmålet eller ikkje, trur på ei eller anna form for eksistens av det hypotetiske dokumentet Q... ei kjelde som inneheldt meir enn berre ordtak, men òg noko forteljande stoff, eit dokument som likna meir på materialet hjå Lukas enn hjå Matteus... eller endå eit Ordspråksevangelium (på nokre måtar likt med Tomas-evangeliet).» [10]

Eit av dei eldste kristne skriftene vi kjenner til, er 2. Klemens, også kalla det andre brevet til Klemens.[11] Det vart brukt i tidlege bibelsamlingar, som *Codex Alexandrinus*, men vart seinare ikkje teke med i den endelege bibelkanonen. Skriftet kan vere frå så tidleg som 60- eller 70-talet e.Kr.,[12] og inneheld fleire Jesus-ord. Eitt av desse, som berre finst i Tomas-evangeliet (utsegn nr. 22), lyder slik: *«... då han vart spurd av ein om når riket hans skulle kome, sa han: "Når dei to vert eitt, det ytre som det indre, det mannlege med det kvinnelege, og det ikkje lenger er mann eller kvinne. "» (12,2)*[13] Dette gjer det mogleg å tenkje at Tomas-evangeliet kan høyre til den aller tidlegaste evangelietradisjonen – kanskje til og med vere ein kandidat til Q.

«Ifølgje April DeConick, til dømes, var det ei tidleg gruppe kristne i Jerusalem som sette saman orda i evangeliet alt så tidleg som år 30–50 e.Kr. (før nokon av tekstane som vart del av Det nye testamentet)... heilt til ein endeleg utgåve vart produsert (seinast rundt år 120 e.Kr.).»[14]

Markusevangeliet vert ofte rekna som det eldste evangeliet. Der står det til dømes: *«For det finst ikkje noko løynt*

---

[10] **Evans, C. A. et. al.** *The Synoptic Problem; Four Views.* 2016. s. 173.
[11] Det er noko usemje om kva for ein Klemens dette er. Klemens av Roma levde på 100-talet e.Kr., og Klemens av Aleksandria på 200-talet.
[12] **Holmes, M. W.** *The Apostolic Fathers; Greek Texts and English Translations. 3rd ed.* 2007. s. 134-135 & p. 35 (dvs. «...brevet må i hovudsak daterast til same tid som 1. Klemens»).
[13] **Holmes, M. W.** *The Apostolic Fathers; Greek Texts and English Translations. 3rd ed.* 2007. s. 153.
[14] **Litwa, D.** *The Gnostic Thomas; An Introduction to the Gospel of Thomas.* 2025. s. 7.

som ikkje skal bli openberra, og ikkje noko hemmeleg som ikkje skal kome fram.» (Mark 4,22) Dette liknar mykje på Tomas sitt utsegn nr. 5: *«For det finst ikkje noko løynt som ikkje skal bli openberra.»* Eller: *«Den som har øyre å høyra med, han høyre!» (Markus 4,9)*, som liknar på ordtak nr. 24 i Tomas: *«Dei som har øyre å høyra med, høyre!»*.

Om Markus bygde på Tomas, ville det tyde at Tomas var endå eldre[15] – kanskje til og med Q. Men det kan òg vere at Tomas bygde på Markus, eller at begge bygde på ein felles munnleg tradisjon.

Vi ser jamvel ut til å finna Tomas i Paulusbreva. Paulus er i stor grad rekna for å ha skrive breva sine på 50-talet e.Kr. Eitt døme er: *«og som ikkje er kome inn i hjarta på mennesket» (1 Kor 2,9b)*[16], som kan stamma frå Tomas: *«og det som ikkje har oppstått i menneskehjarta» (Tomas 17b).*

Ein annan interessant teori er at Tomas-evangeliet kan ha vore ein av grunnane til at Johannes-evangeliet vart skrive – som eit svar på den låge kristologien i Tomas. Bibelforskaren Elaine Pagels fremjar denne tanken i boka *Beyond Belief: The Secret Gospel of Thomas.*

Kontroversen kring Tomas-evangeliet ser uansett ut til å halde fram. I boka *The Five Gospels* er det vurdert som like autentisk som dei kanoniske evangelia når det gjeld å finne dei verkelege orda til Jesus. Kven veit – kanskje det ein dag vert teke inn att i ein revidert bibelkanon?[17]

God lesnad.

---

[15] Ein minoritetsteori i forskinga.

[16] Nestle-Aland, 28. utgåve av Det greske nye testamentet, peikar likevel på (Deutsche Bibelgesellschaft, 2013, s. 877) at dette er ei tilvising til den tapte boka *Apokalypsen til Elia.*

[17] Det har eksistert minst fire bibelske kanonar, det vil seia fire ulike versjonar av Bibelen. Skrifter som ikkje lenger er innlemma i kanon, vert vanlegvis omtala som apokryfe tekstar.

Evangeliið eftir Tómas er ein savnaður bókheimur við 114 orðingum hjá Jesusi, og hevur tí fingið heitið *Orðings-evangeliið.* Evangeliið byrjar við at vísa til ein Didymos Judas Tómas, sum Jesus talaði við. Grikska orðið *Didymos* (Δίδυμος) merkir "tvíburi" á føroyskum. Hesin "tvíburin" var helst ikki ein bókstavligur tvíburi til Jesus, men verður samidentifiseraður við ápostulin Tómas[18], sum fylgdi Jesusi og sum til endans leið pínslardeyðan í India í ár 72 e.Kr. Hann skal tá hava borið evangeliið út í Mylapore (suður úr Madras), sambært kirkjusøguni.[19]

«Tómas-evangeliið varð helst fyrst skrivað á grikskum (ella kanska á sýriskum ella arameiskum) einastaðni millum miðjan fyrsta og annað hundraðár e.Kr.» [20]

Tómas verður dagfest til ein tíðarbund millum miðjan fyrsta hundraðár og endan á øðrum hundraðári. Í dag hava vit tvey varðveitt eintøk:

- Eitt fullgjørt eintak á koptiskum frá uml. 350–400 e.Kr., funnið í Nag Hammadi í 1945.
- Eitt brotgjørt grikskt eintak frá uml. 200 e.Kr., funnið í Oxyrhynchus í 1897.

Bæði stava frá tí tíðliga kristna felagsskapinum í Egyptalandi.

Hvat leiklut hetta evangeliið hevði í mun til tey kanonisku evangeliið, hevur verið nógv umrøtt. Nakrir granskarar halda tað vera eitt seint skrift, aðrir at tað byggir á eina samsvarandi munnliga siðvenju, og enn aðrir at tað kann vera ein kelda til onnur evangeliið – kanska sjálvt Q, tað hugsandi keldu-evangeliið, sum ikki er varðveitt.

---

[18] T.v.s., tann 'ivandi' Tómas, sum rørdi við sárini hjá Jesusi eftir uppreisnina.
[19] **Medlycott, A. E.** *India and the Apostle Thomas: An Inquiry, with a Critical Analysis of the Acta Thomae.* 1905.
[20] *The Gnostic Gospels of Thomas, Mary, and John.* 2009. s. 4.

«...meginparturin av granskarum í Nýggja Testamenti, annaðhvørt teir hava granskað spurningin ella ikki, trúgva upp á onkra form fyri tilveru av tí hypotetiska skjalinum Q... ein kelda, ið innibar meira enn bert orðatak, men eisini nakað frásagnarligt tilfar, eitt skjal, ið líktist meira til tilfarið hjá Lukas enn hjá Matteusi... ella sjálvt eitt Orðataksevangeliið (á ávísum hátt líkt við Tómas-evangeliið).» [21]

Eitt av teimum elstu kristnu skriftunum, vit kenna, er 2. Klemens, eisini kallað annað bræv Klemensar.[22] Tað varð nýtt í tíðligu bíbliuhandskriftunum, so sum *Codex Alexandrinus*, men varð seinni ikki tikið við í endaliga bíbliukanonin. Hendan bókin kann vera frá so tíðliga sum 60- ella 70-árunum e.Kr.,[23] og inniheldur fleiri orðingar frá Jesusi. Ein av hesum, sum bert finst í Tómas-evangeliið (orðing nr. 22), ljóðar soleiðis: *«... tá ið hann varð spurdur av einum, nær hansara ríki skuldi koma, segði hann: "Tá ið tey bæði gerast eitt, tað ytra sum tað innra, tað mannsliga saman við kvinnuliga, og tað ikki longur er maður ella kvinna."» (12,2)*[24] Hetta gevur møguleika at hugsa, at Tómas-evangeliið kann hoyra til tann heilt tíðliga evangeliiðsiðvenjuni – kanska enntá vera ein kandidat til Q.

«Sambært April DeConick, til dømis, setti ein tíðligur felagsskapur av kristnum í Jerusalem saman orðini í evangelinum so tíðliga sum ár 30–50 e.Kr. (áður enn nakar tekstur, sum seinni gjørdist partur av Nýggja Testamenti)... inntil ein endaligur útgáva varð framleidd (í seinasta lagi um ár 120 e.Kr.).» [25]

Markus-evangeliið verður ofta roknað sum tað elsta evangeliið. Har stendur til dømis: *«Tí einki er fjalt, uttan at tað skal*

---

[21] **Evans, C. A. et. al.** *The Synoptic Problem; Four Views.* 2016. s. 173.

[22] Tað er nakað av ósemju um, hvør Klemens hetta er. Klemens av Róm livdi í 1. øld e.Kr., og Klemens av Alexandria í 2. øld.

[23] **Holmes, M. W.** *The Apostolic Fathers; Greek Texts and English Translations. 3rd ed.* 2007. p. 134-135 & p. 35 (t.e. «...brævið má í høvuðsheitum verða dagfest til sama tíðarskeið sum 1. Klemens»).

[24] **Holmes, M. W.** *The Apostolic Fathers; Greek Texts and English Translations. 3rd ed.* 2007. s. 153.

[25] **Litwa, D.** *The Gnostic Thomas; An Introduction to the Gospel of Thomas.* 2025. s. 7.

verða opinberað;» (Markus 4,22a) Hetta líkist nógv orðing nr. 5 í Tómas: *«Tí einki er fjalt, sum ikki skal opinberast.»*[26] Ella: *«Tann, ið oyru hevur at hoyra við, hann hoyri!» (Markus 4,9)*, sum líkist orðing nr. 24 í Tómas: *«Tey, sum hava oyru at hoyra við, hoyri!»*.

Um Markus hevur bygt á Tómas, hevði tað merkt, at Tómas er enn eldri[27] – kanska sjálvt Q. Men tað kann eisini vera, at Tómas hevur bygt á Markus, ella at báðir hava bygt á eina felags munnliga siðvenju.

Vit tykjast enntá at finna Tómas í brøvunum hjá Paulusi. Paulus verður í stóran mun hildin at hava skrivað brøvini í 50-unum e.Kr. Eitt dømi er: *«og sum ikki er komið inn í hjarta menniskjans» (1 Kor. 2,9b)*[28], sum kann stava frá Tómas: *«og tað, sum ikki er reist upp í menniskjahjarta» (Tómas 17b)*.

Ein annar áhugaverdur tanki er, at Tómas-evangeliið kann hava verið ein av orsøkunum til, at Jóhannes-evangeliið varð skrivað – sum eitt mótspæl móti lágu kristologiinum í Tómas. Bíbliugranskarin Elaine Pagels heldur hendan tankan í bókini *Beyond Belief: The Secret Gospel of Thomas*.

Ósemjan um Tómas-evangeliið tykist óivað at fara at halda fram. Í bókini *The Five Gospels* verður tað mett at vera líka ekta sum tey kanonisku evangeliið, tá ið tað ræður um at finna tey veruligu orðini hjá Jesusi. Og hvør veit – kanska tað ein dag verður tikið inn aftur í eina endurskoðaða bíbliukanon?[29]

Góða lesnað.

---

[26] Føroyska Bíbliutýðingin av 2021 hevur tað soleiðis (Markus 4,22a): *"Tí at ikki er nakað loynt, uttan fyri at koma upp;"* Men í upprunaliga grikska tekstinum brúka báðir κρυπτόν / krupton ("fjalt/loynt") og φανερόν / phaneron ("opinbert/greitt"). Eg havi tí týtt Markus 4,22 og Tómas 5) soleiðis, at teir liggja nærri hvør øðrum í orðalagi, sum upprunamálið tykist at leggja upp til.
[27] Ein minnilutafrøðikenning.
[28] Nestle-Aland, 28. útgáva av Nýggja Testamenti á grikskum, peikar tó á (Deutsche Bibelgesellschaft, 2013, s. 877), at hetta er ein tilvísing til ta horvnu bókina *Apokalypsan hjá Elia*.
[29] Tað hevur verið í minsta lagi fýra bíbilskar kanónir, tað vil siga fýra ymiskar útgávur av Bíbliuni. Rit, sum ikki longur eru partur av kanónini, verða vanliga nevnd apokryfiskar tekstir.

Innleiing / Innleiðing

Det koptiske *Tomas-evangeliet* inneheld 114 utsegn. Eit komplett eksemplar av *Tomas* (på koptisk) finst i Nag Hammadi-kodeks II, som no er oppbevart i Koptisk museum i Kairo, Egypt.

Fragmentet av Tomas-evangeliet på gresk inneheld utsegn 1–7, 24, 26–29, 30(+77)–33, 36–39, 63 og 32b (eit som ikkje er oppført i den koptiske versjonen). Desse fragmenta finst i Oxyrhynchus-papyrus 5575, 1, 654 og 655.

- Oxyrhynchus-papyrus 5575 (P.Oxy. 5575)
  Gresk; papyrusrull; 100-talet; inneheld Jesus-ord som har parallellar til Matteus 6, Lukas 12 og *Tomas-evangeliet* 27 og 63.
  Oppbevart ved Bodleian Art, Archaeology and Ancient World Library ved Oxford University, *The Oxyrhynchus Papyri*, band LXXXVII.
- Oxyrhynchus-papyrus 654 (P.Oxy. 654)
  Gresk; papyrusrull; midt/slutten av 200-talet; inneheld delar av *Tomas-evangeliet* (prolog + 1–7).
  Oppbevart i British Library, London — Handskriftsavdelinga, Papyrus 1531
- Oxyrhynchus-papyrus 655 (P.Oxy. 655)
  Gresk; papyrusrull; 200-talet; inneheld fragment av *Tomas-evangeliet* (24, 36–39).
  Oppbevart ved Harvard University, Houghton Library, Cambridge MA — Hyllemerke SM Inv. 4367
- Oxyrhynchus-papyrus 1 (P.Oxy. 1)
  Gresk; papyruskodeks; slutten av 100-talet / byrjinga av 200-talet; inneheld mesteparten av *Tomas-evangeliet* (26–30+77, 31–33).
  Oppbevart i Bodleian Library, University of Oxford, Storbritannia

I det følgjande vert *Tomas-evangeliet*, slik det er presentert av Meyer i *The Nag Hammadi Scriptures: The Revised and Updated Translation of Sacred Gnostic Texts Complete in One Volume* (2007), brukt som grunnlag for omsetjinga til nynorsk og færøysk.

Tann koptiski *Tómasarevangeliið* inniheldur 114 orðingar. Eitt fullfíggjað eintak av *Tómasi* (á koptiskum) er í Nag Hammadi-kodeksi II, sum nú verður varðveitt í Koptiska savninum í Kairo, Egyptalandi.

Brot úr Tómasarevangelinum á grikskum innihalda orðingar 1–7, 24, 26–29, 30(+77)–33, 36–39, 63 og 32b (ein, sum ikki er skrásett í tí koptisku útgávuni). Hesi brot eru at finna í Oxyrhynchus-papyrus 5575, 1, 654 og 655.

- Oxyrhynchus-papyrus 5575 (P.Oxy. 5575)
  Griksk; papyrusrulla; 2. øld; inniheldur orð Jesu, sum hava parallellir til Matteus 6, Lukas 12 og *Tómasarevangeliið* 27og 63.
  Varðveitt á Bodleian Art, Archaeology and Ancient World Library við Oxford University, *The Oxyrhynchus Papyri*, bind LXXXVII.
- Oxyrhynchus-papyrus 654 (P.Oxy. 654)
  Griksk; papyrusrulla; miðja/seinnu helvt av 3. øld; varðveitir partar av *Tómasarevangelinum* (prolog + 1–7).
  Varðveitt í British Library, London — Handskriftadeildin, Papyrus 1531
- Oxyrhynchus-papyrus 655 (P.Oxy. 655)
  Griksk; papyrusrulla; 3. øld; varðveitir brot úr *Tómasarevangelinum* (24, 36–39).
  Varðveitt á Harvard University, Houghton Library, Cambridge MA — Hylinummar SM Inv. 4367
- Oxyrhynchus-papyrus 1 (P.Oxy. 1)
  Griksk; papyruskodeks; seinnu helvt av 2. øld / byrjan av 3. øld; varðveitir mest av *Tómasarevangelinum* (26–30+77, 31–33).
  Varðveitt í Bodleian Library, University of Oxford, Stórabretlandi

Í tí, sum fylgir, verður *Tómasarevangeliið*, sum tað verður lagt fram av Meyer í *The Nag Hammadi Scriptures: The Revised and*

Updated Translation of Sacred Gnostic Texts Complete in One Volume (2007), nýtt sum grundarlag fyri týðingina til nýnorskt og føroyskt.

Tomasevangeliet

Dette er dei hemmelege ytringane som den levande Jesus sa, og Didymos Judas Tomas førde ned.

1. Og han sa:
«Dei som finn meininga i desse ytringane, skal ikkje smake døden.»

2. Jesus sa:
«Lat den som leitar, ikkje gje seg med å leita før han finn. Når han finn, skal han verta uroa. Når han er uroa, skal han verta forundra, og han skal råda over alle.»

3. Jesus sa:
«Om deira leiarar seier til dykk: "Sjå, kongeriket (til Faderen) er i himmelen," då skal fuglane i himmelen gå føre dykk. Dersom dei seier: "Det er i havet," då skal fiskane gå føre dykk. For kongeriket (til Faderen) er inne i dykk, og det er utanfor dykk. Når de kjenner dykk sjølve, då vert de kjende, og de skal skjøna at de er born av den levande Faderen. Men viss de ikkje kjenner dykk sjølve, då lever de i fattigdom, og de er sjølve fattigdommen.»

4. Jesus sa:
«Den gamle skal ikkje nøla med å spyrja eit lite barn på sju dagar om livets stad, og barnet skal leva.Mange av dei fyrste skal verta dei siste, og dei skal verta éin.»

5. Jesus sa:
«Viss kva som er framfor andletet dykkar vert kjent, det som er gøymt for dykk, vert lyfta fram. For det finst inga ting gøymt som ikkje skal vert til å kjenna. [Og ingenting gravlagt som ikkje skal oppstå.]»

6. Disiplane hans spurde han:
«Vil du at vi skal faste? Korleis bør vi be? Skal vi gje til velded – og kva slags mat bør vi passa oss for?» Jesus sa: «Lyg ikkje, og gjer ikkje det de hatar, for alle ting er kjende for himmelen. For det finst inga ting gøymt som ikkje skal verta lyfta fram, og ingenting tildekt som skal halda seg usett.»

7. Jesus sa:
«Salige er løva som mennesket vil eta, so løva vert menneske. Og uren vert det menneske som løva et, og løva vert likevel menneske.»[30]

8. Og han sa:
«Mennesket er som ein klok fiskar som kasta garnet sitt i sjøen og drog det opp fullt av småfisk. Mellom dei fann han ein fin stor fisk. Han kasta alle småfiskane tilbake i sjøen og valde lett den store fisken. Alle her med to friske øyre bør lytta!»

9. Jesus sa:
«Sjå, såmannen gjekk ut, tok ei handfull korn, og spreidde det. Nokre fall på vegen, og fuglane kom og åt dei. Andre fall på stein, og slo ikkje rot i jorda og gav ikkje aks med korn. Andre fall i tòrner, og kornet kvalde, og mark åt det. Og andre fall på god jord, og det gav god avling: seksti pr mål og hundre og tjue pr mål.»

10. Jesus sa:
«Eg har kasta eld over verda, og sjå, eg vernar henne til ho tek fyr.»

11. Jesus sa:
«Denne himmelen skal forgå, og den over henne skal òg forgå. Dei døde er ikkje levande, og dei levande skal ikkje døy. På den dagen

---

[30] Dette er utan tvil bilete på å halde egoet i sjakk. Likevel finst det òg meir uhyggjelege tolkingar. «*Den hemmelege boka til Johannes skildrar Yaldabaot, herskaren i denne verda, som løveaktig i utsjånad*» (Barnstone, 2009, s. 46).

de åt det som er dødt, gjorde de det levande. Når de er i lyset, kva vil de då gjera? Den dagen de var éin, vart de to. Men når de vert to, kva vil de då gjera?»

12. Disiplane sa til Jesus:
«Vi veit at du kjem til å forlate oss. Kven skal verta vår leiar?» Jesus sa til dei: «Uansett kvar de er, skal de søkja Jakob den Rettferdige[31]. For hans skuld vart himmel og jord til.»

13. Jesus sa til disiplane:
«Samanlikn meg med noko og sei kven eg liknar.»
Simon Peter sa til han:
«Du liknar ein rettferdig sendebod.»
Matteus sa til han:
«Du liknar ein klok filosof.»
Tomas sa til han:
«Meister, munnen min er ikkje i stand til å seia kven du liknar.»
Jesus sa:
«Eg er ikkje læraren din. Du har drukke, og du har vorte full av den livgjevande kjelda eg har vakta.» Og han tok Tomas til side og sa tre ytringar til han. Då Tomas kom att til venene sine, spurde dei: «Kva sa Jesus til deg?»
Tomas sa:
«Viss eg fortel dykk ei av ytringane han sa til meg, vil de ta opp steinar og steina meg, og eld vil koma frå steinane og fortæra dykk.»

14. Jesus sa til dei:
«Viss de fastar, vil de skapa skuld over dykk sjølve, og viss de bed, vert de dømde, og viss de gjev til velded, vil det skada åndene dykkar. Når de kjem inn i ein by og vandrar rundt på landet, og menneske tek imot dykk, et det dei set fram for dykk og læk dei sjuke mellom dei. For det som går inn i munnen, gjer dykk ikkje

---

[31] *«Bror til Jesus og leiaren for kyrkja i Jerusalem»* (Barnstone, 2009, s. 47).

ureine; men det som kjem ut av munnen, det er det som gjer dykk ureine.»

15. Jesus sa:
«Når de ser ein som ikkje er fødd av ei kvinne, då fall på andletet og tilbe han. Han er dykkar Far.»

16. Jesus sa:
«Kanskje folk trur eg er komen for å kasta fred på verda. Dei veit ikkje at eg er komen for å kasta ufred: eld, sverd og krig. For det vil vera fem i eitt hus: tre mot to og to mot tre, far mot son og son mot far, og dei skal vera åleine.»

17. Jesus sa:
«Eg vil gje dykk det som ikkje noko auga har sett, det som ikkje noko øyra har høyrt, det som ingen hand har rørt, og det som ikkje er kome opp i eit menneskehjarte.»

18. Disiplane sa til Jesus:
«Fortel oss, korleis skal enden vår koma?»
Jesus sa:
«Har de funne byrjinga, så de kan søkja enden? For der byrjinga er, der skal enden vera. Velsigna er dei som står i byrjinga – dei skal kjenna enden og ikkje smaka døden.»

19. Jesus sa:
«Velsigna er de som var til før de vart fødde. Viss de vert mine læresveinar og lyttar til orda mine, då skal desse steinane tena dykk. For det finst fem tre for dykk i Paradis; dei skifter ikkje – ikkje om sommaren og ikkje om vinteren – og blada deira fell ikkje. Den som kjenner dei, skal ikkje smaka døden.»[32]

---

[32] *«Dei fem trea i paradis vert òg drøfta i manikeiske tekstar og i den islamske Mora til Bøkene»* (Barnstone, 2009, s. 49).

20. Disiplane sa til Jesus:
«Fortel oss korleis himmelriket er.»

Han sa til dei: «Det liknar eit sennepsfrø, det minste av alle frø. Men når det fell i velrudd jord, veks det til ein stor plante og vert eit ly for fuglane under himmelen.»

21. Maria sa til Jesus:
«Korleis er læresveinane dine?»

Han sa:
«Dei liknar små born som bur i ein åker som ikkje er deira. Når åkerens eigarar kjem, vil dei seia: "Gje oss åkeren vår attende!" Då tek dei av seg kleda sine framfor dei for å gje dei tilbake, og dei gjev åkeren attende til eigarane. Difor seier eg: Viss eigarane av huset veit at ein tjuv kjem, vil dei halda vakt før han kjem, og ikkje lata han bryta seg inn i huset deira og stjela eigedelane. Difor: ver vakne mot verda. Rust dykk med stor styrke, så ikkje røvarar skal finna ein veg inn til dykk, for den trøyttnaden som de ventar, skal koma. Lat det vera ein blant dykk som forstår. Når grøda var mogen, kom han straks med sigda si og hausta inn. Den som har øyre, høyr!»

22. Jesus såg nokre småborn som die. Han sa til læresveinane sine:
«Desse små som die, liknar dei som kjem inn i riket.»

Dei sa til han:
«Skal vi då koma inn i riket som småborn?»

Jesus sa til dei:
«Når de gjer det to til eitt, og det indre likt det ytre, og det ytre likt det indre, og det øvre som det låge, og når de gjer det mannlege og det kvinnelege til eitt, så det mannlege ikkje er mannleg og det kvinnelege ikkje kvinneleg – når de lagar auge i staden for eit auge, ei hand i staden for ei hand, ein fot i staden for ein fot, eit bilete i staden for eit bilete – då skal de koma inn [i riket].»

23. Jesus sa:
«Eg vil velja dykk – éin av tusen og to av ti tusen – og dei skal stå saman som éin.»

24. Disiplane hans sa:
«Vis oss staden der du er, for vi må søkja han.»
Han sa til dei:
«Den som har øyre, høyr! Det finst lys inni eit menneske av lys, og det lyser over heile verda. Viss det ikkje lyser, er det mørkt.»

25. Jesus sa:
«Elsk venene dykkar som dykkar eiga sjel; ver vernet for dei som augnepupillen i auga dykkar.»

26. Jesus sa:
«Du ser flisa i auga til vennen din, men du ser ikkje bjelken i ditt eige auga. Når du tek ut bjelken frå ditt eige auga, då vil du sjå klart nok til å ta ut flisa frå auga til vennen din.»

27. «Viss de ikkje fastar frå verda, skal de ikkje finna riket. Og viss de ikkje held sabbaten som sabbat, skal de ikkje sjå Faderen.»

28. Jesus sa:
«Eg stod midt i verda, og i kjøt viste eg meg for dei. Eg fann dei alle drukne, og eg fann ingen av dei tørste. Mi sjel sørgde over menneska, for dei er blinde i hjarta og ser ikkje. Dei kom tomhendte inn i verda, og dei søkjer òg å forlate henne tomhendte. Men i mellomtida er dei drukne. Når dei kviknar til frå vinen, skal dei endra vegen sin.»

29. Jesus sa:
«Viss kjøtet vart til på grunn av ånda, er det eit under. Men viss ånda vart til på grunn av kroppen, er det eit under over alle under.

Men eg undrast over korleis så mykje rikdom har tatt bustad i denne fattigdomen.»

30. Jesus sa:
«Der det er tre gudar, er dei guddommelege. Der det er to eller ein, der er eg med han.»[33]

31. Jesus sa:
«Ingen profet er velkomen i heimbyen sin. Ingen lækjar lækjer dei som kjenner han.»

32. Jesus sa:
«Ein by som er bygd oppe på ein høg haug og er mura inn, kan verken falla eller verta gøymd.»

33. Jesus sa:
«Det som de høyrer med det eine øyret, forkynn det frå hustaka. Ingen tenner ei lampe og set ho under ei skorg, eller på ein løynd plass. Men dei set ho på ei lysestake, så alle som kjem inn og går ut, ser lyset hennar.»

34. Jesus sa:
«Viss ein blind leier ein blind, skal dei begge falla i gropa.»

35. Jesus sa:
«Ingen kan koma inn i huset til ein sterk mann og ta det med makt utan fyrst å binda han. Då kan dei rana huset hans.»

36. Jesus sa:
«Dei skal ikkje uroa dykk frå morgon til kveld, heller ikkje frå kveld til morgon — ikkje for føda dykkar, kva de skal eta, og ikkje for kleda dykkar, kva de skal ta på dykk. De er mykje betre enn

---

[33] *«P. Oxy. 1.23–30 er rekonstruert slik: "[Jesus seier], 'Der det er tre [er dei utan] Gud, og der det berre er [ein], seier eg at eg er saman med den eine.'"»* (Meyer, 2007, s. 143).

liljene, som verken spinn eller vev. Og når de har berre eitt klesbyte, kva saknar de då? Kven kan leggja noko til veksten dykkar? Det er Han som skal gje dykk kleda dykkar.»

37. Disiplane sa:
«Når vil du visa deg for oss, og når skal vi sjå deg?»
Jesus sa:
«Når de kler dykk nakne utan å skamma dykk, og de tek kleda dykkar og legg dei under føtene, som små born og trampar på dei, då skal de sjå Menneskesonen, og de skal ikkje vera redde.»

38. Jesus sa:
«Mange gonger har de ønskja å høyra desse orda eg talar til dykk, og de har ingen andre å høyra dei frå. Det skal koma dagar då de vil søkja meg, og de skal ikkje finna meg.»

39. Jesus sa:
«Farisearane og dei skriftlærde har teke kunnskapsnøklane og gøymt dei. Dei har sjølve ikkje gått inn, og dei har heller ikkje late dei som ville gå inn, få sleppa til. Men de – ver kloke som ormar og enkle som duer.»

40. Jesus sa:
«Ei vintre er blitt planta utanfor Faderen, og sidan det ikkje er sterkt, skal det verta rykka opp med rota og døy.»

41. Jesus sa:
«Den som har noko i handa, skal få meir. Men den som ikkje har noko, skal verta fråteken det vesle han har.»

42. Jesus sa:
«Ver åtgangarar (i verda)[34].»

---

[34] Den utvida teksten i parentesen står ikkje i Tomas, men er lagt til her som ei funksjonell omsetjing. Ein parallell finst nemleg i Joh 15:19, 17:14, Rom 12:2 og 1 Joh 2:15.

43. Disiplane sa til han:
«Kven er du, som seier slike ting til oss?»
Jesus sa:
«De skjønar ikkje kven eg er, ut frå det eg seier til dykk. Men de har vorte som jødane – dei elskar treet, men hatar frukta, eller elskar frukta, men hatar treet.»

44. Jesus sa:
«Den som spottar Faderen, skal få tilgjeving. Og den som spottar Sonen, skal få tilgjeving. Men den som spottar Den heilage ande, skal ikkje få tilgjeving – verken på jorda eller i himmelen.»

45. Jesus sa:
«Ein plukkar ikkje druer frå tòrner, og ein samlar ikkje fikenar frå tistlar, for dei gjev ikkje frukt. Ein god person ber fram det gode frå det han har samla opp i hjarta sitt. Ein vond person ber fram det vonde frå det vonde han har lagra, og seier vonde ting. For frå overfloda i hjarta kjem dei vonde orda.»

46. Jesus sa:
«Frå Adam til Johannes døyparen er det ingen fødd av ei kvinne som er større enn Johannes, slik at auga hans ikkje skulle verta vendt bort. Men eg har sagt: Den minste blant dykk som har vorte som eit barn, skal kjenna riket og vera større enn Johannes.»

47. Jesus sa:
«Ein person kan ikkje spenna for to hestar, eller spenna to bogar. Og ein slave kan ikkje tena to herrar – for han vil æra den eine og forakta den andre. Ingen som drikk gamal vin, vil straks ha lyst på ny vin. Og ny vin vert ikkje tappa i gamle skinnsekker, for dei kan springa lekk. Og gamal vin vert ikkje tappa i nye skinnsekker, for då kan vinen verta øydelagd. Ein lappar ikkje ei gammal kappe med eit nytt stykke – for det vil laga ei rift.»

48. Jesus sa:
«Viss to vert samde i eitt hus, skal dei seia til fjellet: 'Flytt deg herfrå!' - og det skal flytta seg.»

49. Jesus sa:
«Velsigna er de som er einsame og utvalde, for de skal finna riket. For de kjem derfrå, og dit skal de venda attende.»

50. Jesus sa:
«Viss dei seier til dykk: "Kvar kjem de frå?" - svar dei: "Vi kjem frå lyset, der lyset vart til av seg sjølv. Det stod fram og openberra seg i deira bilete." Viss dei seier: "Er de det?" - svar dei: "Vi er borna til det, vi er dei utvalde til den levande Faderen." Viss dei spør: "Kva teikn har de frå Faderen?" - svar dei: "Det er rørsle og kvile."»

51. Disiplane hans sa til han:
«Når vil dei døde få kvile, og når vil den nye verda koma?»
Han sa til dei:
«Det de ventar på, har alt kome - men de skjønar det ikkje.»

52. Disiplane sa til han:
«Tjuefire profetar tala i Israel, og dei tala alle om deg.»
Han sa til dei:
«De har vanvyrdt den levande som er hos dykk, og tala om dei døde.»

53. Disiplane sa til han:
«Er omskjering nyttig eller ikkje?» Han sa til dei: «Viss ho var nyttig, ville Faderen ha gjort dei små barna omskorne frå fødselen av. Men den sanne omskjering i ånda er heilt gagnleg.»

54. Jesus sa:
«Velsigna er dei fattige, for dykkar er himmelriket.»

55. Jesus sa:
«Den som ikkje hatar far og mor, kan ikkje vera læresvein min. Og den som ikkje hatar brør og systrer, og ikkje tek krossen som eg gjer, er ikkje verdig meg.»

56. Jesus sa:
«Den som har lært verda å kjenna, har funne eit lik. Og den som har funne eit lik, for han er verda ikkje verdt noko.»

57. Jesus sa:
«Riket til Faderen liknar ein mann som hadde god såkorn. Fienden hans kom om natta og sådde ugras mellom såkornet. Han lét ikkje arbeidarane rykka opp ugraset, men sa: 'Nei, de kan koma til å rykka opp kveiten saman med det.' På haustdagen vil ugraset vera lett å sjå, og det skal verta rykka opp og brent.»

58. Jesus sa:
«Velsigna er den som har streva og funne livet.»

59. Jesus sa:
«Sjå etter den levande så lenge de lever, så de ikkje døyr og prøver å sjå han – men ikkje vil kunna sjå.»

60. Jesus såg ein samaritan som bar eit lam på veg til Judea. Han sa til disiplane sine:
«Sjå denne personen ber lammet.»

Dei sa:
«Så han kan drepa det og eta det.»

Han sa til dei:
«Så lenge det lever, vil han ikkje eta det. Berre når han har drepe det, og det er blitt eit lik.»

Dei sa:
«Elles kunne han ikkje gjort det.»

Jesus sa:
«Slik er det også med dykk. Finn dykk ein stad å kvila – elles kan de bli eit lik og verta etne.»

61. Jesus sa:
«To skal kvila på ein benk – ein skal døy, og ein skal leva.»
Salome sa:
«Kven er du, herre? Du har stige opp på benken min og ete frå bordet mitt, som om du var nokon.»
Jesus sa til henne:
«Eg er han som er frå den heile. Eg fekk del i det som er frå min Far.»
Salome sa:
«Eg er disippelen din.»
Jesus sa:
«Derfor seier eg: Viss mennesket er heilt, skal det verta fylt av lys. Men viss det er delt, skal det verta fylt av mørker.»

62. Jesus sa:
«Eg openberrar mine løyndomar for dei som er verdige til dei. Lat ikkje di venstre hand vita kva di høgre gjer.»

63. Jesus sa:
«Ein rik mann hadde mykje gods. Han sa: "Eg vil nytta rikdomen min til å så, hausta, plante og fylle låva mi, så eg ikkje manglar noko." Dette var det han tenkte i hjartet sitt – men same natta døydde han. Den som har øyre, høyr!»

64. Jesus sa:
«Ein mann ville halda gjestebod. Då han hadde gjort alt klart, sende han tenaren sin ut for å kalla dei inviterte.
Tenaren gjekk til den første og sa:
'Min herre inviterer deg.'
Han svara:
'Eg har pengar å krevja inn frå handelsmenn. Dei kjem til meg i kveld. Eg må gje dei instruksar. Unnskyld meg frå middagen.'
Tenaren gjekk til ein annan og sa:
'Min herre inviterer deg.'

Han sa: 'Eg har kjøpt eit hus og må gå og sjå til det. Eg har ikkje tid.'

Tenaren gjekk til ein annan og sa:
'Min herre inviterer deg.'

Han sa:
'Vennen min skal gifta seg, og eg skal gjera i stand måltidet. Eg kan ikkje koma. Unnskyld meg.' Tenaren gjekk til ein annan og sa: 'Min herre inviterer deg.'

Han sa:
'Eg har kjøpt ein åker og må henta inn avlinga. Eg kan ikkje koma. Unnskyld meg.'

Tenaren kom tilbake og sa til herren sin:
'Dei som du inviterte, vil ikkje koma.'

Herren sa til tenaren:
'Gå ut på vegane og ta med dei du finn, så huset mitt vert fullt.' Kjøpmenn og handelsfolk skal ikkje koma inn i min Fars hus.»

65. Jesus sa:
«Ein mann hadde ein vingard og leigde han ut til bønder, så dei kunne arbeida i han og få frukt derfrå. Han sende tenaren sin for å henta frukta. Bøndene greip han, slo han og heldt på å drepa han. Tenaren kom tilbake og fortalde dette til herren sin.

Herren sa:
"Kanskje dei ikkje kjende han." Han sende ein annan tenar. Dei slo også han. Så sende herren son sin og sa: "Kanskje dei vil visa respekt for son min." Men fordi bøndene visste at han var arvingen til vingarden, greip dei han og drap han. Den som har øyre, høyr!»

66. Jesus sa:
«Vis meg steinen som bygningsmennene vraka – han er hjørnesteinen.»

67. Jesus sa:
«Den som veit alt, men manglar seg sjølv, manglar alt.»

68. Jesus sa:
«Velsigna er de som vert hata og forfølgde. Der de har vorte forfølgde, skal det ikkje finnast noko stad.»

69. Jesus sa:
«Velsigna er de som er forfølgde i hjarta – det er dei som verkeleg har lært Faderen å kjenna. Velsigna er dei som hungrar, for magen til den som lengta, skal fyllast.»

70. Jesus sa:
«Viss de bringar fram det som er inni dykk, skal det frelsa dykk. Viss de ikkje har det inni dykk, skal det de manglar, ta livet av dykk.»

71. Jesus sa:
«Eg skal riva ned dette huset, og ingen skal kunna byggja det opp att.»

72. Ein sa til han:
«Sei til brørne mine at dei skal dela arven etter far vår med meg.»

Han sa:
«Kven har sett meg til å vera ein som deler ut arv?»

Han snudde seg til disiplane sine og sa:
«Eg er vel ikkje ein som deler arv?»

73. Jesus sa:
«Skurden er stor, men arbeidarane er få. Be difor herren for skurden om å senda ut arbeidarar til åkeren.»

74. Han sa:
«Herre, det står mange ved drikkekaret, men det er ingenting i brønnen.»

75. Jesus sa:

«Mange står ved døra, men det er berre dei einsame som skal koma inn i brudekammeret.»

76. Jesus sa:
«Riket til Faderen liknar ein kjøpmann som hadde eit lager fullt av varer. Då han fann ei perle, var han klok – han selde alt og kjøpte perla til seg sjølv. Slik er det òg med dykk: søk skatten som ikkje forgår – den som ingen møll et og ingen makk øydelegg.»

77. Jesus sa:
«Eg er lyset som er over alt. Eg er Alt: Alt er blitt til frå meg, og til meg breidde Alt seg ut. Del ein vedkubbe – eg er der. Løft ein stein – der skal de finna meg.»

78. Jesus sa:
«Kvifor gjekk de ut på marka? For å sjå eit siv som bles i vinden? For å sjå ein mann i fine klede? Dei som ber fine klede bur ikkje der sanninga er.»

79. Ei kvinne i mengda sa til han:
«Salig er morslivet som bar deg og brysta som du diet.»

Han sa: «Salige er dei som har høyrt Faderens ord og halde det i sanning. For dagar skal koma då de vil seia: Salig er morslivet som ikkje bar og brysta som ikkje gav di!»

80. Jesus sa:
«Den som har lært verda å kjenna, har funne kroppen. Og den som har funne kroppen, for han er verda ikkje verdt noko.»

81. Jesus sa:
«Den som er rik, skal råda. Og den som har makt, skal gje slepp.»

82. Jesus sa:

«Den som er nær meg, er nær elden. Og den som er langt frå meg, er langt frå riket.»

83. Jesus sa:
«Bileta er synlege for menneska, men lyset inni dei er gøymt i Faderens ljos. Han skal openberrast, men biletet hans er løynt av lyset.»

84. Jesus sa:
«Når de ser dykk sjølve, vert de glade. Men når de ser dykkar eigne bilete - dei som var før dykk, og som verken døyr eller vert openberra - kor mykje skal de då tola!»

85. Jesus sa:
«Adam vart til av stor makt og stor rikdom, men han vart ikkje verdig. Hadde han vore verdig, ville han ikkje ha smaka døden.»

86. Jesus sa:
«Revane har hòla, og fuglane har reir, men menneskesonen har ingen stad å kvila hovudet sitt.»

87. Jesus sa:
«Synd er det kjøtet som er avhengig av ei sjel. Synd er den sjela som er avhengig av kjøtet.»

88. Jesus sa:
«Bodberarane og profetane skal koma til dykk, og dei skal gje dykk det som tilhøyrer dykk. Og de skal gje dei det som de har, og seia: Når vil dei ta det som er deira?»

89. Jesus sa:
«Kvifor vaskar de utsida av begeret? Forstår de ikkje at han som skapte det indre, òg skapte det ytre?»

90. Jesus sa:
«Kom til meg, for åket mitt er lett og herredømet mitt er mildt. Og de skal finna kvile for dykk sjølve.»

91. Dei sa til han:
«Sei oss kven du er, så vi kan tru på deg.»
Han sa til dei:
«De les verda og himmelen og forstår dei – men den som står framfor dykk, kjenner de ikkje, og dette augeblikket skjønar de ikkje.»

92. Jesus sa:
«Søk, og de skal finna. Tidlegare sa eg ikkje alt det de spurde om. No er eg viljug til å seia det – men de søkjer det ikkje.»

93. «Gje ikkje det heilage til hundane, for dei kan kasta det på møkakjerringa. Og kast ikkje perler for svin, for dei kan gjera det til [leire]»

94. Jesus sa:
«Den som søkjer, skal finna. Og for den som bankar på, skal det verta opna.»

95. Jesus sa:
«Viss de har pengar, lat dei ikkje lånast ut med rente. Men gje dei til den som de ikkje får dei attende frå.»

96. Jesus sa:
«Riket til Faderen liknar ei kvinne som tok litt surdeig, gøymde det i deigen, og gjorde store brød av det. Den som har øyre, høyr!»

97. Jesus sa:
«Riket til Faderen liknar ei kvinne som bar ein krukke full av mjøl. Medan ho gjekk ein lang veg, braut handtaket seg laus, og mjølet

rann ut bak henne langs vegen. Ho visste det ikkje; ho merka ikkje noko gale. Då ho kom til huset sitt og sette krukka frå seg, oppdaga ho at ho var tom.»

98. Jesus sa:
«Riket til Faderen liknar ein mann som ville drepa ein mektig person. Medan han framleis var heime, drog han sverdet sitt og stakk det inn i veggen for å sjå om handa hans ville halda. Så drepte han den mektige.»

99. Disiplane sa til han:
«Brørne og mor di står ute.»
Han sa til dei:
«Dei som gjer Faderens vilje, er mine brør og mi mor. Dei skal koma inn i riket til Faderen min.»

100. Dei synte Jesus ein denar og sa:
«Dei romerske styresmaktene krev skatt av oss.»
Han sa til dei:
«Gjev keisaren det som høyrer keisaren til. Gjev Gud det som høyrer Gud til. Og gjev meg det som er mitt.»

101. Jesus sa:
«Den som ikkje hatar far og mor som eg gjer, kan ikkje vera disippel min. Og den som ikkje elskar far og mor som eg gjer, kan heller ikkje vera disippel min. For mi mor fødde meg[35], men mi sanne mor gav meg liv.»

102. Jesus sa:
«Ve dei skriftlærde og farisearane! Dei er som ein hund som ligg i ei krubbe for buskapen. Verken et han sjølv, eller lèt han dyra eta.»

---

[35] Alternativ lesing: *«For mor mi gav meg svik.»* (Meyer, 2007, s. 152)

103. Jesus sa:
«Velsigna er dei som veit kvar fienden vil angripa, så dei kan stå opp, samla styrken sin og vera føre var.»

104. Dei sa til han:
«Kom, lat oss be og faste i dag!»
Jesus sa:
«Kva synd har eg gjort, eller kva skuld skal eg sona? Men når brudgomen kjem ut frå brudekammeret, då skal dei fasta og be.»

105. Jesus sa:
«Den som har lært far sin og mor si å kjenna, skal kallast son av ei skøkja.»

106. Jesus sa:
«Når de gjer det to til eitt, skal de bli Menneskesonens born. Og når de seier til fjellet: Flytt deg! – då skal det flytta seg.»

107. Jesus sa:
«Riket liknar ein gjetar som hadde hundre sauer. Den største av dei gjekk seg vill. Han lét dei 99 vere, og leita til han fann den. Då han hadde streva mykje, sa han til sauen: "Eg har meir omsorg for deg enn for dei níti og ni".»

108. Jesus sa:
«Den som drikk av munnen min, skal verta som meg. Og eg sjølv skal verta han, og det som er løynt, skal verta openberra for han.»

109. Jesus sa:
«Riket liknar ein mann som hadde ein skatt gøymd i åkeren sin utan at han visste om det. Då han døydde, lét han han vera att til sonen sin. Sonen visste heller ikkje om det. Han tok over åkeren og selde han. Kjøparen pløgde og fann skatten. Han tok til å låna ut pengar med rente til kven han ville.»

110. Jesus sa:
«Den som har funne verda og er blitt rik, skal gjeva verda frå seg.»

111. Jesus sa:
«Himlane og jorda skal rullast saman framfor dykk. Og den som lever frå Den Levande, skal ikkje sjå døden.»
Jesus sa:
«Den som har funne seg sjølv, for han er verda ikkje verd noko.»

112. Jesus sa:
«Ve det kjøtet som er avhengig av si sjel. Ve den sjela som er avhengig av kjøtet.»

113. Disiplane sa til han:
«Når kjem riket?»
Jesus sa:
«Det kjem ikkje ved å leita etter det. Dei skal ikkje seia: Sjå, her! eller: Sjå, der! For riket til Faderen er breidd ut over jorda, og menneska ser det ikkje.»

114. Simon Peter sa til dei:
«Lat Maria forlata oss, for kvinner er ikkje verdige livet.»
Jesus sa:
«Sjå, eg skal leia ho og gjera henne til mann, så ho òg kan verta ei levande ånd, lik dykk menn. For kvar kvinne som gjer seg til mann, skal koma inn i himmelriket.»

Tómasarevangeliið

Hetta eru loyniligu orðini, sum livandi Jesus segði, og sum Didymos Judas Tómas skrivaði niður.

1. Og hann segði:
«Teir sum finna týdningin av hesum orðum, skulu ikki smakka deyðan.»

2. Jesus segði:
«Lat tann, sum leitar, ikki gevast við at leita, fyrr enn hann finnur. Tá ið hann finnur, verður hann órógvaður.
Tá ið hann er órógvaður, verður hann ovfarin,
og hann fer at ráða yvir øllum.»

3. Jesus segði:
«Um leiðararnir tykkara siga: 'Sí, ríki faðirsins er í himlinum', tá skulu fuglarnir í himli ganga framman fyri tykkum. Um teir siga: 'Tað er í havinum', tá skulu fiskarnir ganga framman fyri tykkum. Tí ríki faðirsins er inni í tykkum og eisini uttanfyri tykkum. Tá tit kenna tykkum sjálv, tá skulu tit verða kend, og tit skulu skilja, at tit eru børn hins livandi faðirs. Men um tit ikki kenna tykkum sjálv, tá liva tit í fátækradømi – og tit eru sjálvi fátækradømið.»

4. Jesus segði:
«Hin gamli skal ikki ivast í at spyrja eitt barn, sum er sjey dagar gamalt, um staðin fyri lívið – og hann skal liva. Tí mangir av teimum fyrstu skulu vera teir síðstu, og teir skulu verða ein.»

5. Jesus segði:
«Kunnleiki um tað, sum er beint framman fyri andlit tykkara, skal lata tað upp, sum er fjalt fyri tykkum. Tí einki er fjalt, sum ikki skal opinberast. [Og einki, sum er jarðað, skal ikki verða reist upp.]»

6. Lærisveinarnir spurdu hann:
«Vilt tú, at vit fasta? Hvussu skulu vit biðja? Skulu vit geva til vælgerðir? Hvat fyri mat skulu vit halda okkum burtur frá?»

Jesus segði:
«Loyvið ikki, og gerið ikki tað, sum tit hata – tí øll ting eru kend fyri himlinum. Tí einki er fjalt, sum ikki skal koma fram, og einki dult, sum ikki skal verða funnið.»

7. Jesus segði:
«Sæla er tann leyvan, sum verður etin av menniskja, so leyvan verður menniskja. Og óreint er tað menniskja, sum verður etið av leyvu – og leyvan verður tó menniskja.»[36]

8. Hann segði:
«Menniskjað líkist einum vísum fiskimanni, sum kastaði netið sítt í havið og dró tað upp úr fullum av smáfiski. Millum teimum fann hann ein góðan, stóran fisk. Hann kastaði øllum hinum smáfiskunum aftur í havið og valdi uttan at ivast tann stóra fiski. Tann, sum hevur oyru, hoyri!»

9. Jesus segði:
«Sí, sáðmaðurin fór út, tók ein hondfyll og sáaði. Onkur sáð kóm á vegin, og fuglarnir komu og át tey. Onnur sáð kóm á grótið, og tey festu ikki røtur í jørðini og bóru onga grøði. Onnur fall millum tornir, og tornarnir kvaldu tað, og ormar át tað. Og onnur fall á góða jørð, og tað bar góða grøði: seksti fold og hundrað og tjúgu fold.»

10. Jesus segði:
«Eg havi kastað eld á heimin – og sí, eg vardi hann, inntil hann logar upp.»

---

[36] Hetta er uttan iva myndamál um at halda Egói í skák. Kortini finnast eisini meira óhugnaligar tulkingar. *«Tann loynda bókin hjá Jóhannes lýsir Yaldabaot, valdaran í hesum heimi, sum at hava eitt leyvulíknandi útsjónd»* (Barnstone, 2009, s. 46).

11. Jesus segði:
«Hesin himmalin skal forganga, og tann yvir honum skal eisini forganga. Teir deyðu eru ikki livandi, og teir livandi skulu ikki doyggja. Tá ið tit átu tað, sum er deytt, gjørdu tit tað livandi. Tá ið tit eru í ljósi, hvat fara tit so at gera? Tá ið tit vóru eitt, gjørdust tit tvey. Men tá ið tit eru tvey, hvat fara tit so at gera?»

12. Lærisveinarnir søgdu við Jesus:
«Vit vita, at tú fert at fara frá okkum. Hvør skal so leiða okkum?» Jesus segði við teir: «Hvar ið tit eru, farið til Jákup hin Rættvísa[37], tí tað er fyri hansara skuld, at himmalin og jørðin eru vorðin til.»

13. Jesus segði við lærisveinarnar sínar:
«Samanberið meg við nakað, og sigið mær, hvørjum eg líkist.»
Símun Pætur segði: «Tú líkist einum rættvísum boðbera.» Mattheus segði: «Tú líkist einum víssum filosoffi.»
Tómas segði: «Meistari, munnurin á mær dugir ikki at siga, hvørjum tú líkist.»
Jesus segði:
«Eg eri ikki meistari tín. Tí tú hevur drukkið, ert tú drukkin av ta lindini, sum eg havi verjað.» Og hann tók hann til síðis og segði honum trý orð. Tá ið Tómas kom aftur til vinir sínar, spurdu teir hann: «Hvat segði Jesus við teg?»
Tómas segði:
«Um eg segði tykkum eitt av teimum orðum, sum hann segði við meg, so høvdu tit tikið steinar og steinað meg, og eldur hevði komið úr steinunum og etið tykkum.»

14. Jesus segði:
«Um tit fastað, skapa tit synd fyri tykkum sjálvum, og um tit biðja, verða tit dømd, og um tit geva til vælgerðir, skaða tit andarnar tykkara. Tá ið tit fara inn í ein bý og ferðast um landið, og fólk tekur ímóti tykkum, etið tað, tey seta fram, og grøðið tey sjúku

---

[37] *«Beiggi Jesusar og leiðarin fyri samkomuni í Jerúsalem»* (Barnstone, 2009, s. 47).

millum teirra. Tí tað, sum fer inn í munnin, ger tykkum ikki óreinar; men tað, sum kemur út úr munninum, tað ger tykkum óreinar.»

15. Jesus segði:
«Tá ið tit síggja ein, sum ikki er føddur av einari kvinnu, so fallið niður á andlit tykkara og tilbiðið hann. Hann er faðir tykkara.»

16. Jesus segði:
«Kanska halda menniskju, at eg eri komin at bera frið á jørðina. Men teir vita ikki, at eg eri komin at bera svørð, eld og stríð. Tí fimm skulu vera í einum húsi: trý móti tveimum og tvey móti trimum, faðir móti syni og sonur móti faðir sínum, og tey skulu standa einsamøll.»

17. Jesus segði:
«Eg skal geva tykkum tað, sum einki eyga hevur sæð, einki oyra hevur hoyrt, og einki menniskja hevur tikið á, og sum ikki er komið inn í hjarta nakra menniskja.»

18. Lærisveinarnir søgdu við Jesus:
«Sig okkum, hvussu endin verður.»
Jesus segði:
«Hava tit so funnið byrjanina, at tit kunnu leita eftir endanum? Tí har ið byrjanin er, har verður eisini endin. Sæl eru tey, sum standa í byrjanini – tey skulu kenna endan og ikki smakka deyðan.»

19. Jesus segði:
«Sæl eru tey, sum vóru til, áðrenn tey vórðu fødd. Um tit gerast lærisveinar mínir og lurta eftir orðum mínum, so skulu hesir steinarnir tæna tykkum. Tí fimm trø eru í Paradísi, sum hvørki skifta lit ella fella – hvørki um veturin ella summarið – og bløðini

detta ikki av teimum. Tey, sum kenna tey, skulu ikki smakka deyðan.»[38]

20. Lærisveinarnir søgdu við Jesus:
«Sig okkum, hvussu ríki himmalsins er.»

Jesus segði:
«Tað líkist einum sinopsfræi, sum er tað minsta av øllum frøum. Men tá ið tað fellur í røkta jørð, veksur tað og verður til eitt stórt træ og gerst skjól fyri fuglunum undir himni.»

21. Maria segði við Jesus: «Hvussu eru lærisveinar tínir?» Jesus segði: «Teir eru sum smábørn, sum búgva í einum øki, sum ikki er teirra. Tá ið eigarin av økinum kemur, sigur hann: "Gevið mær økið mítt aftur." Teir lata klæðini síni frá sær og lata eigaranum økið aftur. Tí sigi eg: Um húsini hava eigarar og teir vita, at ein tjóvur kemur, so vakja teir og lata ikki tjóvin sleppa at stjala ognir teirra. Verið eisini tit vøkn og sterk, so rænarar ikki finna veg til tykkara, tí tað, sum tit vænta, skal koma. Latið ein vera millum tykkum, sum skilir. Tá ið gróðurin er fullvaksin, kemur hann við sigd og heystar hann.

Tann, ið hevur oyru, hoyri!»

22. Jesus sá nakrar smábørn súgva bróst.
Hann segði við lærisveinarnar:
«Hesi børn, ið súgva, eru sum tey, ið koma inn í ríki Faðirsins.»

Teir søgdu við hann:
«Skulu vit so koma inn í ríki Faðirsins sum børn?»

Jesus segði:
«Tá ið tit gera tvey til eitt, og tað, sum er innan, verður sum tað, sum er uttan, og ovast sum niðast, og mannkyn og kvinnu til eitt – so at maður ikki er maður og kvinna ikki er kvinna – tá ið tit gera

---

[38] *«Tey fimm trøini í Paradísi verða eisini umrødd í manikeiskum tekstum og í tí islamsku Móður Bókini»* (Barnstone, 2009, s. 49).

eyga fyri eyga, hond fyri hond, fót fyri fót, og mynd fyri mynd, so skulu tit koma inn í ríkið.»

23. Jesus segði:
«Eg skal velja tykkum, ein úr túsund og tveir úr tíggjutúsund, og teir skulu standa sum ein.»

24. Lærisveinarnir søgdu:
«Vís okkum staðið, har tú ert, tí vit mugu leita tað.»
Jesus segði:
«Tann, ið hevur oyru, hoyri!
Ljósið er inni í einum menniskja av ljósi, og tað lýsir alt.
Men um tað ikki lýsir, er tað myrkur.»

25. Jesus segði:
«Elskið vinir tykkara sum sál tykkara,
og verjið teir sum eygastein tykkara.»

26. Jesus segði:
«Tú sært flísina í eyga vinmanni tínum, men bjálkan í tínum egna eyga sært tú ikki. Tá ið tú hevur tikið bjálkan úr tínum egna eyga, kanst tú taka flísina úr eyga vinmanni tínum.»

27. Jesus segði:
«Um tit ikki fasta frá heiminum, fara tit ikki at finna ríki Faðirsins. Og um tit ikki halda sabbatina sum sabbat, fara tit ikki at síggja Faðirin.»

28. Jesus segði:
«Eg staðsetti meg í miðjum heiminum, og í holdi varð eg opinberaður fyri teimum. Eg fann øll drukkin, og ongan tystan. Sálin mín leið fyri menniskjubørnini, tí tey eru blind í hjarta sínum og síggja ikki. Tey komu inn í heimin tóm, og tey leita eftir at fara út aftur tóm. Men ímeðan eru tey drukkin. Tá ið tey skaka vínina av sær, fara tey at broytast.»

29. Jesus segði:
«Um kjøtið varð til vegna andan, er tað eitt undur.
Men um andin varð til vegna kjøtið,
er tað eitt undur yvir undur.

Eg undrist á, hvussu henda stóra ríkidømi býr í hesi fátækt.»

30. Jesus segði:
«Har ið tríggir gudir eru, eru teir gudaligir. Har ið tveir ella ein eru, eri eg við honum.»[39]

31. Jesus segði:
«Ein profetur verður ikki tikin ímóti í egna landi sínum. Ein lækni græðir ikki tey, ið kenna hann.»

32. Jesus segði:
«Ein býur, sum er bygd á ein høgan heygg og er múraður rundan um, kann hvørki falla niður ella goymast.»

33. Jesus segði:
«Tað, ið tit hoyra í oyrunum tykkara, tað annað oyrað – rópið tað út frá tekjunum. Tí eingin tendrar eitt ljós og setir tað undir eitt kar, ella setir tað á eitt fjald stað. Nei, ein setir tað í ljósastakan, so øll, sum koma og fara, síggja ljósið.»

34. Jesus segði:
«Um ein blindur leiðir ein annan blindan,
so falla báðir í eitt hol.»

35. Jesus segði:
«Tað ber ikki til at fara inn í húsini hjá einum sterkum manni og

---

[39] *«P. Oxy. 1.23-30 er endurskapað soleiðis: "[Jesus sigur], 'Har ið tríggir eru [eru teir uttan] Gud, og har ið bert [ein] er, sigi eg, at eg eri saman við tí eina.'"»* (Meyer, 2007, s. 143).

ræna hann, uttan at binda hendur hansara fyrst. Tá kann mann ræna hús hansara.»

36. Jesus segði:
«Tit skulu ikki stúra frá morgni til kvøld, ei heldur frá kvøldi til morgun—ikki fyri føði tykkara, hvat tit skulu eta, ei heldur fyri klæði tykkara, hvat tit skulu fara í. Tit eru nógv meiri verd enn liljurnar, ið vaksa men spinna ikki. Og tá ið tit hava bert eina skiftisfløtu, hvat manglar tykkum tá? Hvør kann leggja nakað afturat vexti tykkara? Tað er Hann, ið skal geva tykkum klæði tykkara.»

37. Lærisveinarnir søgdu:
«Nær skalt tú opinbera teg fyri okkum? Og nær skulu vit síggja teg?»
Jesus segði:
«Tá tit klæðið tykkum úr og ikki skammist, og leggja klæðini undir føturnar sum børn og trampa á tey – tá skulu tit síggja Sonin av Tí Livandi og ikki óttast.»

38. Jesus segði:
«Títt og ofta hava tit ynskt at hoyrt hesi orðini,
sum eg sigi við tykkum, og tit hava ongan annan, at hoyra tey frá. Tey skulu koma dagar, tá tit fara at leita eftir mær og ikki finna meg.»

39. Jesus segði:
«Farisearar og lógkønir hava tikið lykilin til vitanina
og hava fjalt hann. Teir eru ikki farnir inn sjálvir, og teir hava heldur ikki loyvt hinum at fara inn. Men tit – verið vís sum ormar og einfald sum dúgvur.»

40. Jesus segði:
«Eitt víntræ, sum er plantað burtur frá Faðirinum, skal verða rótasprongt og fari til grundar.»

41. Jesus segði:
«Tann, ið hevur í hondini, honum skal verða givið. Og tann, ið onki hevur, frá honum skal verða tikið sjálvt tað, ið hann hevur.»

42. Jesus segði:
«Verið forbígangarar (í heiminum)[40]»

43. Lærisveinarnir søgdu við hann:
«Hvør ert tú, sum sigur hesi orð við okkum?»
Jesus svaraði:
«Tað, sum eg sigi tykkum, av tí skilja tit ikki, hvør eg eri. Men tit eru vorðin sum Jødarnir: Teir elska træið, men hata fruktina, ella elska fruktina, men hata træið.»

44. Jesus segði:
«Tann, ið spottar Faðirin, honum verður fyrigivið, og tann, ið spottar Sonin, honum verður eisini fyrigivið. Men tann, ið spottar Heilaga Andan, honum verður ikki fyrigivið – ikki á jørðini og heldur ikki í himlinum.»

45. Jesus segði:
«Druvur verða ikki savnaðar av tornum, ei heldur fíkjur av tistlum, tí tey bera ikki ávøkst. Ein góður maður ber fram gott úr sínum goymslum. Ein vondur maður ber fram ilt úr sínum vanda hjarta og sigur vánd orð. Tí úr yvirflóð hjartans kemur tað, ið hann sigur.»

46. Jesus segði:
«Frá Adami og til Jóhannesar Doyparan er eingin millum teirra, sum eru føddir av kvinnum, so stórur sum Jóhannes, at eygu hansara skuldu venda sær burtur. Men eg havi sagt: Tann, sum ger

[40] Tann útbygdi teksturin í parentesinum er ikki í Tómas, men er lagdur aftrat her sum ein funksjonell týðing. Ein parallell finst nevniliga í Jóh 15:19, 17:14, Róm 12:2 og 1 Jóh 2:15.

seg sjálvan til barn, skal kenna ríki Faðirsins og verða størri enn Jóhannes.»

47. Jesus segði:
«Ein maður kann ikki tvinga tvey ross at draga, ella strekkja tveir bogar. Og ein tænari kann ikki tæna tveimum harrum. Hann vil annaðhvørt æra annan og vanvirða hin, ella halda seg til annan og forakta hin. Eingin drekkur gamalt vín og leingist beinanvegin eftir nýggjum. Nýtt vín verður ikki tappa í gomul leðursekkir, tí tá brotna teir. Gamalt vín verður heldur ikki tappa í nýggjar sekir, tí tá fer tað til spillis. Ein gamal lappur verður ikki seymaður á eitt nýtt klædnaplagg, tí tá verður rivið verri.»

48. Jesus segði:
«Um tveir gera frið sínámillum í einum húsi, so kunnu teir siga við fjallið: 'Flyt teg!' Og tað skal flyta seg.»

49. Jesus segði:
«Sæl eru tit, ið eru einsamøll og útvald, tí tit skulu finna ríkið. Tí tit eru komin haðani, og tit skulu fara aftur hagar.»

50. Jesus segði:
«Um tey siga við tykkum: 'Hvaðan eru tit komnir?' so sigið: 'Vit eru komin úr ljósinum, frá staðnum har ljósið varð til av sær sjálvum, setti seg sjálvt upp og opinberaðist í mynd okkara.' Um tey siga: 'Eru tit tað?' so sigið: 'Vit eru børn ljóssins, vit eru tey útvaldu av hinum livandi Faðirinum.' Og um tey spyrja: 'Hvat er prógvið hjá Faðirinum í tykkum?' so sigið: 'Tað er rørslan – og hvíldin.'»

51. Lærisveinarnir søgdu við hann:
«Nær fer hvíldin hjá teimum deyðu at koma? Og nær kemur nýggja heimurin?»
Jesus segði:
«Tað, sum tit vænta, er longu komið – men tit skilja tað ikki.»

52. Lærisveinarnir søgdu við hann:
«Fýra og tjúgu profetar hava talað í Ísrael, og teir hava allir talað um teg.»
Jesus segði:
«Tit hava vanvirðað tann livandi, sum er í tykkara nærveru, og tit tosa um teir deyðu.»

53. Lærisveinarnir søgdu við hann:
«Er umskering gagnlig, ella ikki?»
Jesus segði:
«Hevði hon verið gagnlig, so hevði faðir tykkara gjørt børnini umskorin longu í móðurlívi. Men sanna umskeringin í andanum er gagnlig í øllum lutum.»

54. Jesus segði:
«Sæl eru tit fátæku, tí tykkara er ríki Himmalins.»

55. Jesus segði:
«Tann, ið ikki hatar faðir sín og móður sína, kann ikki vera mín lærisvein. Og tann, ið ikki hatar beiggjar sínar og systrar sínar, og ber krossin eins og eg, er ikki verdur mín.»

56. Jesus segði:
«Tann, ið hevur kent heimin, hevur funnið eitt líkið.
Og tann, ið hevur funnið eitt líkið, fyri honum hevur heimurin onga meining.»

57. Jesus segði:
«Ríki Faðirsins líkist einum manni, sum hevði sáað gott korn í jørðina. Men fíggindin hansara kom um náttina og sáaði illgróður mitt í kornið. Tænarnir vildu røkja illgróðurin upp, men húsbóndin segði: Nei, tí tá tit taka illgróðurin, kunnu tit eisini rykkja kornið við. Lat tað vaksa saman til skurðdagin. Tá verður illgróðurin lættur at síggja – og hann verður tikin og brendur.»

58. Jesus segði:
«Sæl er tann, ið hevur stríðst og funnið lívið.»

59. Jesus segði:
«Hygg eftir Tí Livandi meðan tú enn livir, so tú ikki skalt doyggja og leita eftir Tí Livandi og ikki finna hann.»

60. Hann sá ein samaritan fara við einum lombi á veg til Judea. Hann segði við lærisveinarnar:
«Hyggið eftir honum - hann er rundan um lombið.»
Teir søgdu:
«So hann kann sláa tað og eta tað.»
Jesus segði:
«Hann fer ikki at eta tað, meðan tað livir - fyri hann má drepa tað og tað verður eitt líkið.»
Lærisveinarnir søgdu:
«Annars kann hann ikki eta tað.»
Jesus segði:
«Soleiðis er eisini við tykkum: Leitið eftir einum hvílustað til tykkum sjálvi, ella kunnu tit verða til eitt líkið og verða etin.»

61. Jesus segði:
«Tveir skulu hvíla á einum bonki; ein skal doyggja, og ein skal liva.»
Salome segði:
«Hvør ert tú, harri? Tú settist á bonk mín og átt av borði mínum, sum um tú vart ein úr teimum!»
Jesus segði við hana:
«Eg eri tann, ið kemur frá tí, sum er heilt. Eg eri givin frá mínum Faðir.»
Salome segði:
«Eg eri tín lærisvein.»
Jesus segði:
«Tí sigi eg, um ein er heildur, verður hann fyltur við ljósi, men um hann er deildur, verður hann fyltur við myrkri.»

62. Jesus segði:
«Eg geri míni loyndarmál opin fyri teimum, ið eru verðug at hoyra tey. Loyv ikki vinstra hond tíni at vita, hvat høgra hond tín ger.»

63. Jesus segði:
«Ein ríkur maður hevði nógvar ognir. Hann segði: "Eg skal brúka ognirnar til at sáa, at skera, at planta, fylla upp míni goymslur, so eg mangli einki." Men ta náttina doyði hann. Tey, ið hava oyruni, hoyri!»

64. Jesus segði:
«Ein maður ætlaði at hava veitslu. Tá ið hann hevði gjørt alt klárt, sendi hann tænara sín út at kalla gestirnar. Tænarin fór til tann fyrsta og segði: "Harri mín hevur bjóðað tær."

Hann svaraði:
"Eg eigi nakrar handilsmenn, ið skulu koma í kvøld. Eg má leiðbeina teimum. Fyrigev, eg kann ikki koma." Tænarin fór til ein annan og segði: "Harri mín hevur bjóðað tær."

Hann svaraði:
"Eg havi keypt eitt hús og eri upptikin. Eg kann ikki koma." Tænarin fór til ein triðja og segði tað sama.

Hann svaraði:
"Eg skal fyrireika veitslu, tí ein vinur mín skal giftast. Eg kann ikki koma."

Tænarin fór til ein fjórða, sum segði:
"Eg havi keypt eitt jørðardømi og fari at heinta inntøkurnar. Eg kann ikki koma."

Tænarin fór aftur og segði við harran:
"Teir, ið tú bjóðaði, vilja ikki koma."

Harri hansara segði:
"Gakk út á gøturnar og fá øll tú finnur við tær higar, so tey kunnu eta við mær." Handilsfólk og keypmenn skulu ikki koma inn í hús Faðirs míns.»

65. Jesus segði:
«Ein góður maður hevði eina vinhøll. Hann leigaði hana út til bøndur, so teir kundu arbeiða og lata hann fáa sítt. Hann sendi tænara sín til teirra. Men teir tóku hann, slóu hann og vóru nær við at drepa hann. Tænarin fór aftur og segði frá. Eigarin sendi ein annan tænara, og tað sama hendi. So sendi hann son sín og segði: "Kanska fara teir at virða son mín." Men teir bóndarnir sóu, at hann var arvingin, og tóku hann og drupu hann. Tey, ið hava oyruni, hoyri!»

66. Jesus segði:
«Vís mær steinin, ið byggimeistararnir vrakaðu - hann er vorðin hornasteinurin.»

67. Jesus segði:
«Tey, ið vita alt, men hava mist seg sjálvi, tey hava mist nógv meir enn tey vita.»

68. Jesus segði:
«Signaðir eru tit, sum verða hataðir og atsøktir. Har, sum tit hava verið atsøktir, skal ongin staður finnast.»

69. Jesus segði:
«Sæl eru tit, ið eru forfylgd í hjarta tykkara - tit hava veruliga kent Faðirin. Sæl eru tit, ið eru svong, tí búkurin hjá tí, sum tornaði, skal fyllast.»

70. Jesus segði:
«Um tit bera fram tað, sum er í tykkum, skal tað, tit bera fram, bjarga tykkum. Men um tit ikki hava tað í tykkum, skal tað, sum tit ikki hava, drepa tykkum.»

71. Jesus segði:
«Eg skal bróta hetta húsið niður, og eingin skal megna at byggja tað uppaftur.»

72. Ein segði við hann:
«Sig við brøður mínar, at teir skulu býta arvin frá faðri okkara við meg.»

Jesus svaraði:
«Hvør setti meg til at býta millum tykkum?» Og hann vendi sær til lærisveinarnar og segði: «Eri eg ein, sum býtið gerð?»

73. Jesus segði:
«Uppskurðurin er stórur, men arbeiðsmenninir eru fáir. Bið tí Harra uppskurðarins senda arbeiðsmenn út í akrar sínar.»

74. Hann segði:
«Harri, nógv standa við brunnin, men einki er í honum.»

75. Jesus segði:
«Nógv standa við hurðina, men tey, ið eru einsamøll, skulu koma inn í brúðarkamarinum.»

76. Jesus segði:
«Faðirsins ríki líkist einum keypmanni, ið hevði ein skatt og fann eina dýrabæra perlu. Hann seldi alt, ið hann átti, og keypti perluna. Soleiðis skulu tit eisini leita eftir hinum óforgeingiliga skatti, sum ikki mølur kann eta og eingin ormur kann oyðileggja.»

77. Jesus segði:
«Eg eri ljósið yvir øllum lutum. Eg eri Alt: Alt kom úr mær, og til mín breiddi seg Alt. Kloyv eitt triækubbi - eg eri har. Lyft upp ein stein - tú finnur meg har.»

78. Jesus segði:
«Hví fóru tit út á markið? At síggja eitt hisandi hisarør í vindi? At síggja ein klæddan í mjúk klæði - sum teir ríku og valdsmiklu? Teir klæðast vakurt - men teir kenna ikki sannleikan.»

79. Ein kvinna úr fjøldini segði við hann:
«Sæl er móðirin, sum bar teg, og bróstini, sum tú drakk av.»

Jesus svaraði:
«Sæl eru tey, sum hava hoyrt orðið frá Faðirinum og hava hildið tað í verki. Tí tað skal koma dagar, har tit fara at siga: "Sæl er móðirin, sum ikki hevur borið og bróstini, sum ikki hava givið mjólk."»

80. Jesus segði:
«Tann, ið hevur kent heimin, hevur funnið likamið. Og tann, ið hevur funnið likamið, fyri honum er heimurin ikki verdur tað minsta.»

81. Jesus segði:
«Tann, ið er blítt ríkur, skal ráða, og tann, ið hevur vald, skal geva tað frá sær.»

82. Jesus segði:
«Tann, ið er nær mær, er nær eldinum, og tann, ið er langt burtur frá mær, er langt burtur frá ríki Faðirs míns.»

83. Jesus segði:
«Myndir síggjast fyri menniskjum, men ljósið inni í teimum er fjalt í myndini av ljósi Faðirsins. Hann skal opinberast, men mynd hansara er fjald við ljósi hansara.»

84. Jesus segði:
«Tá ið tit síggja myndina, sum líkist tykkum, verða tit glað. Men tá ið tit síggja myndirnar tykkara, sum vóru til áðrenn tit vóru - sum hvørki doyggja ella verða opinberar - hvat skulu tit tá tola!»

85. Jesus segði:
«Ádam kom frá stórari kraft og stóru ríkidømi, men hann varð ikki verdur tykkara. Tí hevði hann verið verdur, hevði hann ikki smakkað deyðan.»

86. Jesus segði:
«Revar hava sínar holur og fuglar hava reiður, men menniskjabarnið hevur ongan stað at hvíla høvur sítt.»

87. Jesus segði:
«Ve, tann kroppur, ið er bundin at einum likami, og ve, tann sál, ið er bundin at teimum báðum.»

88. Jesus segði:
«Sendiboð og profetar skulu koma til tykkara og geva tykkum tað, sum hoyrir tykkum til. Og tit skulu geva teimum tað, sum tit hava, og siga við tykkum sjálvi: "Nær skulu tey koma og taka sítt?"»

89. Jesus segði:
«Hví reinsa tit útsíðuna av bikarinum? Skilja tit ikki, at tann, ið gjørdi útsíðuna, er somuleiðis tann, ið gjørdi innsíðuna?»

90. Jesus segði:
«Komið til mín, tí ok mítt er lætt, og valdið mítt er linligt. Og tit skulu finna hvíld fyri sál tykkara.»

91. Teir søgdu við hann:
«Sig okkum, hvør tú ert, so vit kunnu trúgva á teg.»
Jesus segði:
«Tit duga at tulka himmalsku og jarðisku útsýni, men tit duga ikki at kenna hann, sum stendur hjá tykkum, og tit vita ikki at tulka hetta núið.»

92. Jesus segði:
«Leitið, og tit skulu finna. Eg segði ikki áður frá tí, sum tit spurdu um. Nú vil eg siga tykkum tað, men tit leita ikki eftir tí.»

93. Jesus segði:
«Gevið ikki tað, sum er heilagt, til hundar, tí teir kunna kasta tað í skarn. Kasta ikki perlur fyri svín, tí tey kunnu gera tað til [leir].»

94. Jesus segði:
«Tann, ið leitar, skal finna, og fyri honum, ið bankar, skal latast upp.»

95. Jesus segði:
«Um tit eiga pengar, latið so ikki lána við rentu, men gevið heldur teimum, sum tit vita ikki fara at geva tykkum aftur.»

96. Jesus segði:
«Faðirsins ríki líkist einari konu, ið tók ein klípa av súrdeiggi og goymdi hana í deiggjinum. Hon bakaði stór breyð út úr tí. Tey, ið hava oyruni, hoyri!»

97. Jesus segði:
«Faðirsins ríki líkist einari konu, ið bar eitt leirkrúss fullt av mjøli. Á vegnum datt handtakið av, og mjølið fór spakuliga út eftir veginum. Hon visti ikki av tí, fyrr enn hon setti krússið niður og sá, at tað var tómt.»

98. Jesus segði:
«Faðirsins ríki líkist einum manni, ið vildi drepa ein mektigan mann. Áðrenn hann fór, royndi hann svørðið við at stinga tað í ein vegg fyri at síggja, um hond hansara megnaði tað. Tá ið hann visti tað, fór hann og drap hin mektiga.»

99. Lærisveinarnir søgdu við hann:
«Brøður tínir og móðir tín standa úti.»
Jesus svaraði:
«Teir, sum gera vilja Faðirs míns, tey eru brøður mínir og móðir mín. Tey skulu koma inn í ríki Faðirs míns.»

100. Tey vístu honum ein gullpening og søgdu:
«Keisarans menn krevja skatt frá okkum.»

Jesus segði:
«Gevið keisaranum tað, sum hoyrir honum til, og gevið Gudi tað, sum hoyrir honum til, og gevið mær tað, sum hoyrir mær til.»

101. Jesus segði:
«Tann, ið ikki hatar faðirin og móður sína sum eg, kann ikki vera lærisveinur mín. Og tann, ið ikki elskar faðirin og móður sína sum eg, kann ikki vera lærisveinur mín. Tí móðir mín føddi meg[41], men sanna móðir mín gav mær lív.»

102. Jesus segði:
«Vei yvir farisearararnar! Teir eru sum ein hundur, ið liggur í krubbuni hjá oksunum. Hundurin etur ikki sjálvur, og hann letur heldur ikki oksarnar eta.»

103. Jesus segði:
«Sæl eru tit, sum vita, hvar røvararnir fara at leypa á. Tí tit skulu vakja og gera tykkum til reiðar, fyrr enn teir koma.»

104. Teir søgdu við hann:
«Kom, lat okkum fasta og biðja í dag!»
Jesus segði:
«Hvør syndi havi eg gjørt, ella hvat havi eg ikki gjørt? Men tá ið brúðgómsins fer úr brúðarkamarinum, tá skulu menniskjuni fasta og biðja.»

105. Jesus segði:
«Tann, ið hevur kent faðirin og móður sína, skal kallast barn av eini skøkju.»

106. Jesus segði:
«Tá ið tit gera tey bæði til eitt, tá skulu tit verða børn Adams, og tá kunnu tit siga við fjallið: Flyt teg, og tað skal flyta seg.»

---

[41] Alternativ týðing: *«Tí at móðir mín gav mær fals.»* (Meyer, 2007, s. 152).

107. Jesus segði:
«Faðirsins ríki líkist einum hirða, ið hevði hundrað seyðir. Ein teirra – tann størsti – fór burtur. Hann læt teir níti og níggju vera eftir og leitaði eftir tí eina, til hann fann hann. Tá ið hann hevði stríðst, segði hann við seyðin: "Eg havi størri umsorgan fyri tær enn fyri teir níti og níggju"»

108. Jesus segði:
«Tann, ið drekkur úr munni mínum, skal verða sum eg; og eg sjálvur skal verða hann; og tað, sum er fjalt, skal verða opinberað fyri honum.»

109. Jesus segði:
«Faðirsins ríki líkist einum manni, ið hevði ein skatt fjaldan í akrinum sínum, og hann visti ikki av honum. Tá ið hann doyði, arvaði sonur hansara akurin, men visti heldur ikki av skatinum. Tá ið hann seldi akurin, fann keyparin skatin, og hann fór og lænti pengar út við rentu til tey, hann vildi.»

110. Jesus segði:
«Tann, ið hevur funnið heimin og er blivin ríkari, skal geva heimin upp.»

111. Jesus segði:
«Himlarnir og jørðin skulu verða rullað saman fyri tykkum, og tann, sum livir frá Tí Livandi, skal ikki síggja deyðan.»
Segði Jesus ikki:
«Tey, ið hava funnið seg sjálv, fyri teimum er heimurin ikki verdur tað minsta»?

112. Jesus segði:
«Vei tann likamið, ið er bundið at sálini. Vei tann sál, ið er bundin at likaminum.»

113. Lærisveinarnir søgdu við hann:
«Nær kemur ríki Faðirsins?»
Jesus svaraði:
«Tað kemur ikki við at verða sæð. Tað verður ikki sagt: 'Sí, her!' ella 'Sí, har!' Nei, ríki Faðirsins er breitt út yvir jørðina, men menniskjuni síggja tað ikki.»

114. Símun Pætur segði við teir:
«Lat Mariu fara burtur frá okkum, tí kvinnur eru ikki verdar lívið.»
Jesus segði:
«Sí, eg skal leiða hana og gera hana mannligan, so hon eisini kann verða ein livandi andi, sum líkist tykkum monnum.
Tí hvør kvinna, ið ger seg mannligan, skal koma inn í ríki Himnanna.»

Litteraturliste / Bókalisti

Barnstone, W. et al. *The Gnostic Bible: Revised and Expanded Edition.* BOULDER CO.: Shambhala Publications, 2009.

Bibelen. Den heilage skrift (nynorsk utg.). Oslo: Det Norske Bibelselskap, 2011.

Bíblia. FO: Føroyska Bíbliufelagið, 2021.

Davies, S. *The Gospel of Thomas and Christian Wisdom.* 2nd ed. CA: Bardic Press, 2005.

Evans, C. A. et. al. *The Synoptic Problem; Four Views.* Grand Rapids, MI: BakerAcademic, 2016.

Funk, R. W. et. al. *The Five Gospels; The Search for the Authentic Words of Jesus.* NY: Macmillan Publishing Company, 1993.

Holmes, M. W. *The Apostolic Fathers; Greek Texts and English Translations. 3rd ed.* Grand Rapids MI: Baker Academics, 2007.

Kloppenborg, J. S. *Q, the Earliest Gospel: An Introduction to the Original Stories and Sayings of Jesus.* LOUISVILLE KY: Westminster John Knox Press, 2008.

Litwa, D. *The Gnostic Thomas; An Introduction to the Gospel of Thomas.* US: Independently published (Gnosis), 2025.

Medlycott, A.E. *India and the Apostle Thomas: An Inquiry, with a Critical Analysis of the Acta Thomae.* LONDON: David Nutt, 1905.

Meyer, M. (editor) et al. *The Nag Hammadi Scriptures: The Revised and Updated Translation of Sacred Gnostic Texts Complete in One Volume.* NEW YORK: HarperCollins Publishers, 2007.

Nestle-Aland. *Novum Testamentum Graece, Greek-English New Testament (NA28).* GERMANY: Deutsche Bibelgesellschaft, 2013.

Pagels, E. *Beyond belief: The secret Gospel of Thomas.* Random House, 2003.

Thayer, J. H. *Thayer's Greek-English Lexicon of the New Testament.* Peabody, MA: Hendrickson Publishers, 2021 (15th).

The Gnostic Gospels of Thomas, Mary, and John. BLACKSBURG VA.: A & D Publishing / Wilder Publications, 2009.

Woje, S. et. al. *Thomasevangeliet* [*Evangelium Thomae*] (1. utg.). Vinstra: Borglund forlag, 2000.

EXPLORE OTHER BOOKS BY

MAGNUS HØGNESEN

AVAILABLE ON AMAZON.COM

MH
INDEPENDENT
PUBLISHING

Ein av kodeksane og handskriftene som vart funne i Nag Hammadi, var Tomas-evangeliet. Dette evangeliet er svært ulikt dei kanoniske evangelia og inneheld inga forteljing om Jesu teneste. I staden er det ei samling av Jesu ord, nedskrivne av læresveinin hans, Tomas.

Tomas vert rekna som eit gnostisk evangelium, sjølv om det eigentleg ikkje er mykje meir gnostisk enn Johannesevangeliet. Likevel har det særskilde kristne læresetningar som ein berre finn i Tomas. I dette evangeliet skildrar Jesus ei reise frå avgrensa til uavgrensa medvit – frå eit døyelegt menneskesinn til det guddomlege sinnet. Jesus i Tomas kallar oss til å finna Gud i oss sjølve og til sjølve å vinna Kristus.

Med denne utgåva får du høve til å lesa Tomas på nynorsk og på færoysk. Gled deg!

Ein av bókrollunum og handritunum, sum vórðu funnin í Nag Hammadi, var Tómasarevangeliið. Hetta evangeliið er ógvuliga øðrvísi enn tey kanonisku evangeliið og hevur onga frásøgn um tænastu Jesu. Í staðin er tað ein savning av orðum Jesu, skrivað niður av lærisveininum hansara, Tómasi.

Tómasarevangeliið verður hildið at vera eitt gnostiskt evangeliið, hóast tað í roynd og veru ikki er nógv meira gnostiskt enn Jóhannesarevangeliið. Tó hevur tað serstøk kristin læru, ið bert finnast í Tómasi. Í hesum evangeliið lýsir Jesus eina ferð frá avmarkaðum til óavmarkaða vitund – frá sinni hins deyðiliga menniskjans til tað guddomliga sinni. Jesus í Tómasi kallar okkum at finna Gud inni í okkum sjálvum og at vinna Kristus fyri okkum sjálvi.

Við hesi útgávuni fært tú høvi at lesa Tómasarevangeliið bæði á nýnorskum og føroyskum. Njótið tað!

ISBN 978-82-693081-3-6

www.ingramcontent.com/pod-product-compliance
Lightning Source LLC
LaVergne TN
LVHW100409051026
849518LV00003B/1198

* 9 7 8 8 2 6 9 3 0 8 1 3 6 *